NOTICE

SUR

M. L'ABBÉ DELAHAIGUE

CHANOINE DE SOISSONS,

ANCIEN PROFESSEUR DE THÉOLOGIE, ANCIEN CURÉ-DOYEN
DE VIC-SUR-AISNE,

Par l'Abbé PÉCHEUR,

AUTEUR DES *ANNALES DU DIOCÈSE*.

SOISSONS,

Imprimerie Fossé d'Arcosse fils,

RUE SAINT-ANTOINE, 15.

1875.

NOTICE

SUR

M. L'ABBÉ DELAHAIGUE

CHANOINE DE SOISSONS

Ancien Professeur de Théologie, ancien Curé-Doyen de Vic sur Aisne,

Par l'Abbé PÉCHEUR,

AUTEUR DES **ANNALES DU DIOCÈSE**.

Le diocèse de Soissons, soumis en ces derniers temps à de si douloureuses épreuves, voit disparaître peu à peu l'élite de son clergé. Encore quelques années et il ne lui restera plus que le souvenir de ces hommes aux fortes études, aux vertus simples et modestes, qui perpétuaient parmi nous, par leurs exemples et leur enseignement, les traditions de l'ancien ordre ecclésiastique puisées auprès de ses derniers représentants.

Une nouvelle perte vient de le frapper dans la personne de M. l'abbé Delahaigue, chanoine de la cathédrale de Soissons, ancien professeur de théologie dogmatique et ancien curé-doyen de Vic sur Aisne.

Notre intention n'est pas de faire ici une biographie détaillée de ce vénérable ecclésiastique, encore moins de lui consacrer de ces éloges pompeux qu'il est d'usage aujourd'hui d'adresser aux vivants et aux morts, et trop souvent hélas! à ceux qui les méritent le moins. La mémoire d'un prêtre de la trempe de M. l'abbé Delahaigue peut se passer de ces tristes honneurs.

Toutefois, il nous a paru qu'une simple esquisse de son existence si bien remplie pourrait offrir un sujet d'édification pour tous et un motif de consolation à ceux qui furent ses amis.

Etienne-Napoléon Delahaigue naquit le 1er août 1803 à Trucy, modeste village de l'ancien Laonnois, caché dans les coteaux ombragés de la vallée de l'Ailette, aujourd'hui du canton et du doyenné de Craonne. Il fut par conséquent, au début de sa carrière, témoin des désastres de la France en 1814 et 1815. Il devait, dans ses dernières années, et Dieu sait avec quelle poignante et quelle patriotique douleur ! assister à ceux de 1870-1871.

Son enfance ne paraît pas du reste avoir été marquée par aucun de ces prodiges que certains biographes rencontrent d'ordinaire dans leurs héros. Elle se passa comme se passe l'enfance au village. Hâtons-nous de dire cependant que M. Delahaigue se vit ménager providentiellement, à Trucy même, un heureux asile où furent dirigés ses premiers pas dans la vie.

A Trucy, en effet, étaient venus se réfugier, après le dépouillement de leur monastère par la Révolution, quelques chanoines réguliers de Cuissy de la réforme de Prémontré (1). La petite colonie avait à sa tête son vénérable abbé, l'austère Flamin, qui

---

(1) Cuissy (canton de Craonne).

avait si noblement refusé l'évêché de l'Aisne, auquel il avait été nommé par les électeurs du département. Ayant rencontré en ce lieu une assez vaste maison, ces religieux s'y étaient établis avec les débris de leur fortune et ce qu'ils avaient pu emporter du mobilier, des objets d'art et de la bibliothèque de l'abbaye. Ils en avaient même fait une espèce de couvent où ils observaient, autant que le permettaient les circonstances, les prescriptions de leur règle, et ils y avaient passé, sans être trop inquiétés, la tourmente révolutionnaire. L'estime profonde qu'inspirait leur digne abbé, même aux plus prévenus, la vie cachée qu'ils menaient, les bienfaits sans nombre qu'ils répandaient dans la contrée, dont ils étaient littéralement la providence, n'avaient pas peu contribué à leur sécurité.

C'est dans ce refuge de la paix et de la piété, souvenir affaibli de leur ancienne solitude, qu'ils s'éteignirent successivement, allant, chacun à leur tour, prendre place auprès de leur supérieur, parti le premier, dans le cimetière du village où d'humbles croix indiquent l'endroit qu'occupent leurs dépouilles mortelles [1]. Le dernier survivant, le P. Minelle, l'ancien cellérier du monastère, mourut en 1846, à l'âge de quatre-vingt-quatorze ans. Ceux qui ont connu ce vénérable et spirituel vieillard, reste de tout son ordre, n'oublieront jamais son amour pour les pauvres, l'aimable et généreuse hospitalité qu'il exerçait envers tous,

---

[1] L'abbé Flamin mourut en 1798.

et surtout envers les ecclésiastiques. Véritable représentant d'un autre âge, image vivante et animée du clergé régulier d'avant la Révolution, laquelle eut le malheur, dans sa haine fougueuse et désordonnée contre un passé glorieux, de ne pas savoir distinguer ce qui appelait une réforme d'avec ce qui n'avait besoin que d'appui et de protection pour continuer de rendre à la Religion et à l'Etat les plus éminents services.

La famille Delahaigue ayant su mériter, par ses sentiments religieux, l'estime des Prémontrés exilés, leur maison devint la sienne, et M. Delahaigue y reçut son éducation première avec son estimable frère aîné, mort curé-doyen de Crécy sur Serre, après avoir occupé successivement les cures de Chavignon, de Bucy le Long et de Wassigny. Il y puisa, comme à leur source, le goût des études sérieuses et les habitudes d'une vie régulière, selon les anciennes traditions cléricales. Dieu voulut en outre qu'il eût aussi sous les yeux, dans l'exercice du ministère pastoral, l'exemple d'un excellent prêtre, l'abbé Bégny, qui avait quitté le vicariat de l'Echelle pour se rendre en émigration, et qui était revenu se fixer à Lierval, dans la maison paternelle, d'où il desservait Trucy et d'autres paroisses des environs. Type achevé de l'ancien curé de campagne, bon, simple et affectueux, l'abbé Bégny mourut peu d'années après son voisin et ami, le P. Minelle, et dans un âge non moins avancé.

Le P. Minelle et ses confrères de Cuissy ne croyaient pas pouvoir mieux employer les épaves de la dotation de leur couvent, sauvées à grand'peine par l'adresse et la présence d'esprit du cellérier des mains avides et rapaces des révolutionnaires, qu'en les faisant servir à l'exercice de la charité, et surtout au recrutement du clergé dont les rangs ne s'étaient que trop éclaircis. C'est pourquoi ils envoyèrent les deux frères dans les séminaires renaissants du diocèse. Tous deux répondirent aux espérances qu'on en avait conçues en parcourant avec succès, leurs cours d'humanités, de philosophie et de théologie. M. Delahaigue l'aîné fut destiné au ministère paroissial ; le cadet ne fut pas plutôt ordonné prêtre, le 9 juin 1827, des mains de Mgr de Simony, qu'il fut associé par ce prélat d'impérissable mémoire à MM. Maréchal et Lequeux dans la direction du grand séminaire, et monta dans la chaire de théologie dogmatique.

Certes, c'était un cours bien difficile à professer que celui d'une science aussi élevée, surtout pour un débutant si jeune et qui avait pour auditeurs des confrères dont il venait de quitter les rangs. Les premiers pas franchis, le nouveau professeur ne tarda pas à se faire remarquer, dans cette branche si importante de l'enseignement ecclésiastique, par une orthodoxie rigoureuse, par un jugement droit et sûr, par une argumentation serrée, par un bon sens peu commun, joints à cette défiance de soi-même, à cette modestie trop rare qui sont la marque des esprits supérieurs. Malheureusement, car toute intelligence a ses lacunes et aucun homme n'est complet, sa pensée s'élaborait avec difficulté et l'expression pour la rendre était souvent hésitante. C'était là aussi le côté faible, on ne doit pas l'oublier, des Affre et des Gousset, nos illustres contemporains.

Ami plus encore que collègue de M. l'abbé Lequeux, celui-ci avait en si haute estime la rectitude de son jugement et l'étendue de sa science théologique, qu'il le consultait sur ses ouvrages avant de les livrer à l'impression. Ajoutons que jamais M. Delahaigue ne lui dissimula sa pensée, quelque contraire qu'elle fût aux opinions de l'auteur. On peut donc le regarder comme ayant fait parti de ce groupe trop oublié aujourd'hui d'hommes qui ne furent pas sans mérite dans l'enseignement, et qui donnèrent alors une si forte impulsion aux études dans les séminaires soissonnais.

Qu'il nous soit au moins permis de saisir cette occasion de donner un souvenir à ceux d'entre eux qui ne sont plus, ne fut-ce qu'en citant les noms des plus éminents.

C'étaient dans les humanités et les belles-lettres, M. l'abbé Louis qui a laissé imprimées des *Conférences littéraires* sur les auteurs contemporains, qu'il avait données à Liége (1835), et M. l'abbé Lefèvre dont les leçons d'un goût si pur et si fin sont restées gravées dans nos mémoires. Tous deux occupèrent la chaire de rhétorique et surent se préserver des exagérations du romantisme alors dans toute son effervescence. Le dernier alla mourir à Paris jeune encore. C'était M. l'abbé Tronquoy, son successeur, lequel avait cru au contraire, en donnant dans les idées nouvelles, fournir aux jeunes imaginations un aliment plus énergique. C'était aussi M. l'abbé Congnet qui s'est fait un nom dans les lettres grecques, et n'a pas peu contribué au maintien et au renouvellement des études classiques.

Dans la philosophie, la théologie, l'Ecriture Sainte, l'éloquence sacrée, l'histoire ecclésiastique, nous remarquerons M. l'abbé Tavernier qui alla mettre en pratique son enseignement, avec un zèle incomparable, dans l'importante cure de Saint-Quentin ; M. l'abbé Gobaille qui lui succéda dans cette cure et qui avait enseigné avec une égale distinction les humanités et la théologie ; M. l'abbé Hénon, aux facultés si remarquables, enlevé par la mort à la fleur de l'âge et dans toute l'ardeur de l'étude ; M. l'abbé Danton, ce logicien inflexible, ce dialecticien hors ligne qui s'éteignit naguère dans l'obscurité, laissant sur saint Thomas un travail manuscrit que M. Delahaigue, à l'examen duquel il l'avait soumis, regardait comme la plus belle synthèse de la doctrine de l'Ange de l'école qu'on pût imaginer ; enfin M. l'abbé Gabelle, qui mourut curé de Brancourt après avoir publié, en collaboration avec M. Lequeux, des traités de philosophie et de théologie.

Tous ces Messieurs regardaient comme leur maître M. Lequeux, cette vaste et belle intelligence, malheureusement obligé lui aussi d'aller porter sur un théâtre plus brillant, il est vrai, mais étranger et qui n'était pas le sien, des talents qui eussent encore été si utiles à son pays. Sans doute, on pouvait bien, entraîné par la fougue de la jeunesse et la dissipation trop naturelle à cet âge, ne pas correspondre aux efforts généreux de ces hommes dévoués, mais on emportait toujours d'auprès d'eux l'amour du bien et le goût des choses élevées qui plus tard devaient porter leurs fruits.

La plupart d'entre eux avaient passé par Saint-Sulpice dont ils avaient rapporté l'esprit et les méthodes, modifiés toutefois selon les besoins locaux. C'était, en effet, l'usage alors d'envoyer en cette célèbre communauté, la pépinière des évêques et des vicaires généraux, pour y perfectionner leurs études théologiques, certains élèves destinés plus particulièrement à l'enseignement désormais confié à des membres du clergé diocésain.

Or, à Saint-Sulpice, où professaient à cette époque MM. Duclos, Garnier, Boyer, Gosselin, Mollevaut, Carrière, etc., dans les séminaires que les Sulpiciens dirigeaient et dans ceux dont ils avaient formé le corps professoral, prédominaient les opinions gallicanes. Elles furent enseignées à Soissons par M. Lequeux surtout, et elles y persistèrent sous ce maître, quoiqu'elles fussent déjà discréditées ailleurs. M. Delahaigue, qui n'avait pas étudié à Saint-Sulpice, avait donc été élevé dans ces opinions, et il les conserva longtemps, comme ses collègues. Inutile d'ajouter que ce gallicanisme, qui était celui de Bossuet et de Fleury, se séparait d'une manière tranchée et absolue du gallicanisme parlementaire, janséniste et politique condamné par le Saint-Siége. Aussi, lorsque le *Manuale compendium juris canonici*, de M. Lequeux, fut mis à l'index à Rome pour l'ensemble de ses doctrines gallicanes, on n'oublia pas que son auteur avait rédigé le mandement lancé par Mᵍʳ de Simony contre le *Manuel du droit public ecclésiastique français*, de M. Dupin, à la suite de celui du cardinal de Bonald, frappé d'une sentence d'abus. Cet opuscule n'est autre chose, en effet, qu'un petit arsenal de toutes les lois, décrets, ordonnances, arrêts, formulés par le pouvoir civil, ancien et moderne, contre l'Eglise catholique, et que le bon sens français a fini par laisser tomber, pour la plupart, en désuétude, comme incompatibles avec la liberté des cultes et celle de la conscience.

Il est certain d'ailleurs que même à ce degré relativement modéré, le gallicanisme de M. Lequeux, tel qu'il avait été formulé dans le Manuel et dans une autre brochure intitulée : *Mémoire sur la situation présente de l'Eglise gallicane relativement au droit coutumier*, qu'on lui attribuait, auquel il avait au moins collaboré, n'avait pas eu l'approbation de M. Delahaigue.

Quoique il en soit, ce dernier, avec le temps et l'expérience que donne la réflexion et l'observation attentive du mouvement des idées, modifia ses opinions en ce genre quelque tempérées qu'elles fussent, et se laissa gagner par la réaction qui a porté le coup de grâce au gallicanisme, sous quelque forme qu'il se présente. Aussi le vit-on, après avoir suivi avec une attention constante les discussions soulevées sur la question de l'infaillibilité pontificale, soit quant à l'opportunité de la définition, soit sur la définition elle-même, se soumettre sans une ombre d'hésitation ou de restriction, à la décision doctrinale du concile du Vatican.

Cependant M. Delahaigue avait dû, à son grand regret, quitter le séminaire de Soissons dont la vie régulière et studieuse convenait si bien à ses goûts et à son genre de talent. Une santé perdue pour toujours obligea M. Lequeux à renoncer à la collaboration d'un théologien aussi *solide*, selon l'expression alors en usage, et Mgr de Simony, sur sa demande, le nomma, le 21 septembre 1835, à la cure de Vic sur Aisne. Il espérait que M. Delagaigue trouverait dans le calme du presbytère, dans un ministère suffisamment occupant, sans être trop chargé, et dans une petite ville où il pourrait se créer des relations agréables, quelque soulagement à ses souffrances. Quant à lui il ne se faisait pas illusion et il croyait qu'elles finiraient bientôt par la mort. En voyant, à son arrivée, l'état assez misérable du presbytère, « ce n'est pas la peine, disait-il, que je m'en occupe, je ne l'habiterai pas longtemps. » Il se trompait, l'épreuve devait être longue et il habita longtemps le presbytère enfin restauré et aggrandi.

Quoique habituellement souffrant, il put, grâce à ses goûts simples et modestes, grâce à une vie sobre et réglée, exercer pendant bien des années la charge pastorale, se livrer à tous les détails du ministère quelques pénibles qu'ils fussent pour lui, surtout à cause de l'éloignement de son église, et gagner par la sincérité de ses relations cette affection solide et durable qui le suivit jusqu'au tombeau, et lui survivra dans le cœur de ses paroissiens.

Si l'on excepte quelques distractions de société dont il n'abusa jamais, tout le temps que lui laissaient le bréviaire, les exercices de piété et les fonctions sacrées, il l'employait à ses études chéries, c'est-à-dire aux matières si élevées de la philosophie et de la théologie, sans négliger celles non moins nobles de la littérature sacrée et profane. Il apprit même l'allemand assez à fond pour pouvoir lire les auteurs les plus sérieux qui ont écrit cette langue.

Animé d'un profond amour de l'Eglise et de son pays, il suivait aussi avec attention la marche des affaires politiques et religieuses en Europe et surtout en France. Jusqu'à ses derniers jours, il prit une part sensible aux malheurs de sa patrie. S'entretenant un jour avec celui qui trace ces lignes, des craintes qu'inspire l'avenir aux moins clairvoyants : « Tout cela, lui dit-il, ne peut me toucher personnellement, je ne verrai pas ce qui arrivera, mais je m'y intéresse pour mes compatriotes. »

Les fonctions de doyen étant attachées depuis la Révolution à la cure du canton, il les exerça toujours par leur côté favorable. Il fut dans toute la force du terme *primus inter pares*, (1) suivant d'ailleurs comme naturellement et dans toute la droiture de son âme, ces paroles de l'apôtre saint Pierre adressées à ceux qui occupent une dignité dans l'Eglise quelque éminente ou quel-

---

(1) « Le premier parmi ses égaux. »

que inférieure qu'elle soit. « *Neque ut dominantes in cleris*, (I. Petr. 5-3) (1) » maxime dont il ne se départit jamais. Il en recueillit les fruits, car il vit l'harmonie régner autour de lui parmi ses confrères, et il n'y eut guère, de son temps, de doyenné plus heureux et plus paisible que celui de Vic-sur-Aisne. Il était pour tous l'homme de la vérité, de l'équité et du bon conseil ; ne sachant même pas qu'on pût sciemment contrister un de ses frères dans le sacerdoce. Dans toutes les questions, il savait toujours discerner le côté pratique ; dans toutes les difficultés trouver les solutions les plus justes. En sorte qu'on peut dire que si le titre décannal eût encore été, selon la discipline de l'Eglise, soumis à l'élection des prêtres du doyenné et à la sanction de l'évêque, nul doute que M. Delahaigue n'eût réuni l'unanimité des suffrages de ses confrères, et qu'il n'eût reçu sa confirmation du premier pasteur.

Enfin, une santé de plus en plus déclinante avait fini par rendre trop pénibles à M. Delahaigue les fonctions pastorales ; il résolut de les quitter et de solliciter une retraite qui lui permît de ne songer plus qu'à lui-même. S'étant démis de sa cure, le 10 nov. 1862, il fut accueilli par l'honorable et catholique famille Le Cornier avec laquelle il avait contracté les liens d'une pieuse et solide affection, et qui lui offrit un asile à Ressons le Long, dans sa propriété du Montois. Il ne sortait guère de cette solitude où il recevait

---

(1) « Ne dominez pas sur le clergé. »

les fréquentes visites de ses amis et de ses anciens paroissiens qui venaient lui témoigner l'estime profonde, et l'amitié constante qu'ils portaient à leur regretté pasteur. Il assista dans sa dernière maladie Madame Le Cornier, bénit la chapelle que, selon ses intentions, M. Le Cornier érigea et dota au Montois, et eut la douleur de voir aussi cet excellent chrétien le précéder dans la tombe.

Etranger à toute pensée d'ambition, ignorant même les tristes pratiques que cette passion met en œuvre pour arriver à ses fins, M. Delahaigue se trouvait heureux dans sa silencieuse retraite. Il avait seulement désiré un instant l'office de chapelain de l'hôpital de Laon, qui paraissait devoir vaquer alors et qui l'eût rapproché de son frère, le curé de Crécy. Il n'avait pas songé au décanat, il ne songea pas davantage au canonicat, et il fallut que des amis, saisissant l'occasion de la vacance d'une prébende dans le chapitre, suggérassent à Mgr Dours la pensée de la lui offrir. Le prélat, quoique la pension de retraite de M. Delahaigue, fut déjà réglée, accueillit avec empressement cette ouverture, et le nomma chanoine le 16 avril. 1864.

Loin de regarder le canonicat comme une sinécure, M. Delahaigue s'imposa les plus pénibles efforts pour en remplir les obligations, qui ne consistent plus guère, dans les diocèses de France où le chapitre cathédral a cessé d'être le sénat de l'évêque, que dans l'assistance aux offices quotidiens du chœur. Il accepta même, pour se rendre utile, la direction de l'Œuvre de la Propagation de la Foi, à laquelle il consacra tous ses soins pendant plusieurs années. Mais enfin les infirmités augmentant toujours avec le nombre des années, il dut résigner cette fonction, puis s'éloigner peu à peu des offices canoniaux et n'y plus paraître que rarement. Il eut même la douleur, pendant les deux dernières années de sa vie, de ne pouvoir plus descendre de sa chambre pour visiter sa sœur aînée, que le poids des infirmités empêchait elle-même d'aller jusqu'à lui.

C'est alors que ses souffrances devenant intolérables ne lui laissèrent plus de repos ni le jour ni la nuit, lui permettant à peine de recevoir, outre le directeur de sa conscience, quelques amis restés fidèles à leur vieille affection. Ayant depuis longtemps perdu tout espoir de guérison, saintement résigné à la volonté de Dieu, soutenu par une foi ferme et raisonnée, il se disposa tranquillement au suprême passage. Lui-même demanda le sacrement des mourants et les dernières prières, et il attendit la mort, qui le délivra de ses maux et l'enfanta à la vie éternelle et bienheureuse le 17 avril 1875, dans la soixante-douzième année de son âge. Sa résignation, sa patience au milieu de ses longues et indicibles souffrances avaient été poussées jusqu'à un degré en quelque sorte héroïque.

Ses funérailles eurent lieu le 19 avril et furent célébrées avec la pompe qu'il méritait. Un grand nombre de personnes de la ville et de ses anciens paroissiens de Vic sur Aisne, tous ses amis, y assistèrent et se firent un devoir d'accompagner sa dépouille mortelle jusqu'à sa dernière demeure.

Les dispositions testamentaires de M. Delahaigue furent telles qu'on devait les attendre d'un prêtre aussi recommandable par sa charité que par son esprit de justice. Partant de ce principe, qu'il n'eut pas de peine à faire admettre par sa sœur qui devait lui survivre, « que tout ce qu'ils possédaient venant de l'Eglise, devait retourner à l'Eglise, » il fonda deux bourses au séminaire et 100 fr. de rente pour l'entretien des élèves ; 100 fr. de rente pour la Propagation de la Foi et autant pour la Caisse de Secours ; 4,000 fr. à l'église de Trucy, sa paroisse natale, avec fondation de messes ; 300 fr. au Chapitre pour un annuel de messes chantées à la Cathédrale ; enfin divers souvenirs à des membres de sa famille. Il laissa aussi des rentes, leur vie durant, à deux personnes qui l'avaient servi. Pour remplir ces intentions, il affectait son mobilier, ses livres, ce qui provenait de l'héritage de son frère et les derniers débris du temporel de Cuissy dont le P. Minelle n'avait pas disposé en bonnes œuvres, et qu'il avait cru pouvoir laisser momentanément en des mains si sûres (1). Voulant enfin s'assurer que tout ce qu'il possédait retournerait réellement à l'Eglise, il nomma pour exécuteur de ses der-

---

(1) On peut voir au réfectoire du Grand Séminaire de Soissons le portrait de l'abbé Flamin, et dans la salle des exercices plusieurs autres peintures léguées par le P. Minelle à cet établissement avec la maison de Trucy, etc.

nières volontés un ecclésiastique, M. l'abbé Péronne, l'un de ses amis dévoués, son collègue dans le chapitre et l'un de ses successeurs dans la chaire de théologie.

Ainsi finit cet excellent homme, cet excellent prêtre. Ses derniers moments furent dirigés, comme toute sa vie, d'après les règles de la science divine, dont il avait fait son étude de prédilection.

L'exécuteur testamentaire du vénérable défunt fit graver sur la tombe ces touchantes paroles des livres saints :

Homme simple et droit craignant le Seigneur et fuyant le mal (JOB. I).

Parce que vous étiez agréable à Dieu il a été nécessaire que la souffrance vous éprouvât (TOB. XII).

Pour vous faire connaître Jésus-Christ, la vertu de sa résurrection et la participation de ses souffrances en devenant conforme à sa mort (PHIL. III).

Crouy, 29 mai

SOISSONS. — IMPRIMERIE FOSSÉ D'ARCOSSE FILS,
Rue Saint-Antoine, 15

www.ingramcontent.com/pod-product-compliance
Lightning Source LLC
Chambersburg PA
CBHW070525050426
42451CB00013B/2855